united
p.c.

Alle Rechte der Verbreitung, auch durch Film, Funk und Fernsehen, fotomechanische Wiedergabe, Tonträger, elektronische Datenträger und auszugsweisen Nachdruck, sind vorbehalten.

Für den Inhalt und die Korrektur zeichnet der Autor verantwortlich.

© 2020 united p. c. Verlag

Gedruckt in der Europäischen Union auf umweltfreundlichem, chlor- und säurefrei gebleichtem Papier.

www.united-pc.eu

WENDELIN TEICHMANN

GEDICHTE EINES WANDERERS III

- FRÜHE SAAT -

Überarbeitete zweite Fassung

(„Lebensernte" III)

Gedichte 1952-1960

Dieses Buch widme ich meiner Gesamt-Heimat, dem Südlichen Landrücken vom Lausitzer Landrücken bei Cottbus über die südliche Lüneburger Heide und den Geestrand bei Bruchhausen-Vilsen bis zur Stader Geest bei Bad Bederkesa.

INHALTSVERZEICHNIS 5

Vorwort 10

Motto 12

1. Buch: Früheste Saat: Aus den Gedichten des Anfangs 13

2. Buch: „Auf neuen Wegen" I - Stationär 77

1. Buch: Früheste Saat **13**

Zwischen Tag und Nacht 14

Herbstliche Nebel 15

Mondnacht 16

Zuruf 17

Vor Nacht 18

Frühlingsanfang 19

Das Jahr ist Gottes 20

Uhrschläge bei Nacht 21

Gottes Pfad 22

Geheimnis des Schaffenden 23

Dichterberuf 24

Dreizahl	25
Mondzauber	26
Geheimnis	27
Leuchtfeuer	28
Memento	29
Herbstmorgen	30
Dämmer	31
Zwei Sprüche	32
Trost	33
Ermunterung	34
Zum Heiligen Abend	35
Die Stimme	36
Regentag	37
Der Sturm	38
Winterspaziergang	39
Letzter Besuch	40
Gewissheit	41
Aus Liebe	42

Winter, mittags	43
Hilfe des Herzens	44
Osternacht	46
Ein Wegstein ruft mich an	47
Das Wesen wirkt des Nachts	48
Taglicht	49
Werdung (I und II)	50
Margeriten	51
„Ergriffenes Dasein"	52
Auf sterbende Kirschblüten	53
Dichterwesen	54
Am Fenster	56
Bei Sonnenuntergang	57
Kerzenlicht	58
Sommerabend	59
Lebenslied	60
Mit Blumen	61
Wegabseits	62

Winterzeichen 63

Im Moor 64

In memoriam Jürgen Eggebrecht 65

Moorliches Gespräch 66

Eine Bitte 67

Die Welle des Schicksals 68

Eulenwesen 69

Nachtzu 70

Terzinen über eine Tapete 71

Vegetativ 72

Kleine Biographie 73

Ammerngruß 74

Die silberne Kugel 75

Im frühesten Jahr 76

2. Buch: Stationär - Auf neuen Wegen I 77

I. Buch: Welt-Rätsel 78

Verrätselung: Solar 78

Gegenrätsel: Lunique 79

II. Buch: Welt-Entfaltung 80

Nullpunkt 80

Anreicherung: Monadesque 81

Grenzüberschreitung – Coniugalis 83

III. Buch: Welt-Rücknahme 84

Expansion 84

Gefährdung 86

Umkehr 87

Angaben zum Autor 89

Vorwort

Mit zwei Bänden „Gedichte eines Wanderers" habe ich schon einen wesentlichen Teil meiner lyrischen „Lebensernte" vorgelegt, die „Wandererphilosophie" und Wege „Durch Raum und Zeit". Das sind die verschiedenen Gedichtgruppen aus meinem Alterswerk und aus dem mittleren Lebensabschnitt. Aus welchen Bedingungen und Motiven sie entstanden sind, habe ich dort schon erklärt:

Wäre ich Maler, würde man mich wahrscheinlich einen Landschafter nennen. Wanderungen, im Rahmen der Familie, sind meine frühesten Erinnerungen, und seit meiner Jugend bin ich stets in die Natur hinausgegangen, in die mich jeweils umgebende Landschaft, als Erlebnis- und Laufraum. Dabei war mir die Naturwelt zugleich Konkretum und Symbol, und beide belehrten mich. Ich gestaltete meine „Sensationen" zunächst für mich, dann auch für mir nahestehende Menschen. – Dank sei meiner Mutter, die die ersten Jahrgänge in Kunstschrift geschrieben hat. – Aber Kunstwerke, auch die der Sprachkunst, lösen sich von ihrem Anlass, können allgemeingültig werden, und so gebe ich endlich dem Drängen von Freunden nach und wage die Veröffentlichung. Lange hat mich das Verdikt Th. W. Adornos gegen Lyrik nach Hiroshima daran gehindert. Heute sage ich: Auch dort singt das Rotkehlchen.

Mit dem vorliegenden Band, der „Frühen Saat", schließt sich also durch die frühesten Gedichte der Kreis meiner poetischen „Lebensernte". Die genannten „Sensationen" waren hier einerseits sehr stark erlebte Natureindrücke, dann andererseits innere

„Erfahrungen" und Selbstauseinandersetzungen, die bewältigt oder geklärt werden mussten. Frühe Begegnungen mit Dichtung und Musikwerken regten dabei zu eigenen Gestaltungen an. Die Rezeption tradierter Formen lag dabei zunächst nahe, die Suche nach einer eigenen Formsprache dann aber ebenso. Im zweiten Buch des Bandes, dem „Stationär" (d. i. „In Stationen"), ging ich völlig neue Wege. Ich nannte sie damals für mich „abstrakten Expressionismus", ehe ich wusste, dass dieser Begriff gerade durch die neueste Kunstwelle schon besetzt war. Die darin erfolgte Verdichtung erlaubte aber keine Fortsetzung, ohne zur Manier zu werden. Ein anderes frühes Vorhaben, nämlich „deutsche" Haikus zu schreiben, habe ich später, wie bereits in meinem vorhergehenden Gedichtband gezeigt, lange verwirklicht. Schaue ich auf die Inhalte wie auch die poetischen Formen der gesamten „Lebensernte", so muss ich feststellen, dass Kontinuität und Wandel sie bestimmt haben. Ich wünsche mir Leser, die meine Wege mitgehen können.

Landolfshausen, den 20. März 2013

Göttingen, den 5. September 2019

Motto
(zu meinem ersten Gedichtheft)

Leben heißt:
Auf sein Innerstes hören,
Dichten:
Selbsttraum zerstören.

1952

Erstes Buch: Früheste Saat –

Aus den Gedichten des Anfangs

**Zwischen Tag und Nacht
(mein erstes Gedicht)**

Die Felder leis sich neigen –
ein Wind geht drüber hin,
es herrscht ein tiefes Schweigen,
und ich bin mitten drin.

Juli 1952

Herbstliche Nebel

Herbstliche Nebel
umwogen die Formen,
lösen Begrenztes,
entbinden das Licht.
Linien verfließen,
Farben zerrinnen –
groß ist die Einheit
im nebligen Raum.

1952

Mondnacht

Silbernebel weben im Grunde.

Über zauberhaft erhellten Dunkelheiten
öffnen sich klaffende Ewigkeiten
und gießen Stille in die Nacht.

Mit einer ungeahnten Macht
ruft eine nur geahnte Majestät
zu wortelosem, tiefem Gebet.

Frage erstirbt im Munde.

1953

Zuruf

Der Weg liegt zugeschneit
unter verwelkten Blättern;
das wilde Käuzchen schreit
in den Abendwettern.

Lichtgesänge verglimmen
im Westen weit:
Wende dich nach innen!
Noch ist es Zeit.

Ende 1953

Vor Nacht

Der innere Richter wollte noch rechten
vor der Nacht.
Viel hat er gedacht
und gelobt die guten und verdammt die schlechten
Taten. Das Gewissen wacht.

Als auch der beiden Seelen Widerstreit geschlichtet –
für Stunden nur –
und sich des Geistes Welt gelichtet,
da kommt´s auf meiner Spur, –

da fährt unsichtbar durch meine Haare
eine Hand, und zart und weich
entschlummere ich ins tiefste Reich
meiner Kinderjahre.

1954

Frühlingsanfang

Jetzt nahst du
und nimmst von uns das Transzendente,
der fernen Himmel reine Strahlung,
und treibst uns wieder in die Adern
die alte Süße.
Es weicht der Alpdruck, der starke,
den wir noch nicht ertragen,
und gewaltiger Ruf, aufsteigend
aus den Tiefen der Fruchtbarkeit,
erfüllt unsere Herzen.
Auf rauschen die Ströme der Tiefe;
es singen die beseelten Lüfte wieder,
und du greifst nach uns
mit gekonnter Gebärde wie einer,
der ein altes Recht erfüllt.
Ganz zwingst in deine Umarmung du uns,
und auf einmal ist dein inniger Kuss
unser eigenster wahrhafter Wille,
und wir werden, uns wandelnd, was wir können,
werden das Blut der Erde.

1954

Das Jahr ist Gottes

Mein neues Jahr sei dein!
In dir erst pulst mein Leben,
nur du kannst Kraft mir geben.
Lass mich dein Diener sein.

Ich will als freier Knecht
im Leben hier auftreten.
Mein Dichten sei nur Beten,
denn Beten macht gerecht.

Du wollest mich erkennen,
in meine Seele brennen,
was Menschenhirn nicht greift.

Nimm alle meine Jahre,
dass ich dich tief erfahre,
denn deine Hand hat mich gestreift.

30.12.1954

Uhrschläge bei Nacht

Die Uhr schlägt deine Stund.
Voll Ernst tut sie dir kund,
was keiner jemals wagt,
was keiner je dir sagt.

Sie zeigt die Stundenbahn
dir deines Weges an,
sie spricht zu dir allein.
Ach, lass den letzten Wein.

Sie rührt mit jedem Schlag
an dein Gewissen zag,
sie fragt nach keinem Lohn,
erreicht dich jeder Ton.

Sie ist dein Stundenglas
und mahnt dich an etwas,
sie misst die Zeit, die dir entflieht.
Ach, lass dein karges Lied.

Sie weist mit stetem Sinn
auf dein Verborgnes hin.
Hätt sie ein Herz, es wäre wund.
Die alte Uhr schlägt deine Stund.

Neujahrsnacht 1955, Braunschweig

Gottes Pfad

Das Jahr wölbt sich wie Hallen
in zwölffacher Endlichkeit,
und unser Weg ist ein Fallen
durch Raum und Zeit.

Wir stoßen durch viele Schichten
aus Zeit und Raum,
entfliehen ihren Gewichten
und spüren die Wunden kaum.

Vor dich, Herr, wollen wir treten,
hinweg aus Raum und Zeit,
und wollen vor dir beten
eine ewige Ewigkeit.

Du sprichst durch heimliche Bronnen
und lässt uns keine Ruh.
Wir haben das Jahr begonnen.
So fallen wir, Herr, auf dich zu.

1955

Geheimnis des Schaffenden

Du bist erst, wenn ich ringe,
in deine Form dich zwinge,
bevor du mich erdrückst.
Du bist erst, wenn du glückst

Bis da bist du wie nie gewesen,
doch ahnst du das Gewand der Thesen,
wirst du im Nu gefährlich groß.
Du lässt mich auch nicht eher los,

als bis ich dir Gestalt gegeben.
im Reich des Wesenhaften fortzuleben,
wo strahlend du verweilst.

Nach deiner Herkunft wirst du nie gefragt –
Du bist, denn ich hab dich gewagt,
damit du heilst.

1955

Dichterberuf

Zart will ich an das Unendliche rühren
und lassen in mich ein,
will nicht im Leben führen,
nur allen Bruder sein.

Will allen die Hand auflegen,
wenn Dunkel sie umdroht,
und will die innere Flamme hegen
in ihrer Weltennot.

Will immer wieder sagbar machen
das Namenlose aller Zeit
und jede Nacht durchwachen,
in der vor Angst wo einer schreit.

 1955

Dreizahl

Du bist so reich, wie du verzichten willst,
und bist so stark, als du erleiden kannst;
du bist so hell, wie du verfinstern musst.

Du wirst gesehen, wie du selber siehst,
und wirst erhört, wie du erhörst;
du wirst gerufen, wie du selber rufst.

Du bist so weit, wie du hinausgehst,
und bist so hoch, als du hinaufliegst;
du bist so tief, wie du hinabsteigst.

1955

Mondzauber

Eine erste große Knospe,
hängt der Mond im Haselstrauch,
und die andern Knospen alle
brechen auf im Silberrauch.

Ein verfrühtes erstes Blatt,
hängt der Mond in einer Birke,
ruft die andern Blätter wach,
dass sie herber Saft durchwirke.

Eine erste volle Blüte,
hängt der Mond im Apfelbaum,
und der andern Blüten Drängen
stößt durch letzten Hüllensaum.

Ein verfrühter warmer Regen,
weckt das Mondlicht alles auf,
und die osterfrohe Erde
trinkt – und dankt zu ihm hinauf.

1955

Geheimnis

Pergament des Abendhimmels!
Hingeschrieben stehn sie alle,
Buchen, Fichten, Eichen, Lärchen,
fein verstrebte Scherenschnitte.

Ornament des Abendhaines!
Eingeflochten sind sie alle,
Zweige, Äste, Äste, Zweige,
regellose Spinngewebe.

Vielgebrauchte Schreibefeder!
Niemand sieht, was keiner sieht.
Ursprung zeigt sich nicht den Augen.
Rätselvolles Runenwirrwarr!

Vielbewegte Webestühle!
Niemand hört, was keiner hört.
Schöpferwerkzeug bleibt verborgen.
Otternornamente sind und schweigen.

1955

Leuchtfeuer

Schlag um Schlag
hebt Welle um Welle
gegen dein Herz.
Woge um Woge
schäumt es hinauf,
Feuer um Feuer
entflammt deinem Auge.

Aber Schweigen um Schweigen
breitet sich aus.
Dunkel um Dunkel
nistet sich ein,
Zeichen um Zeichen
gibst du umsonst.

Gruß um Gruß nur
schickt Stern um Stern,
einziger Trost bei Nacht.
Nichts und nichts
gilt das andere dir.

1955

Memento

Wolken, Wege und Bäume
sinken der Sonne nach.
Du schaust in Todesräume.
Dich schützt kein Dach.

Und dunkle Abendwetter
umbranden die Säulenreihn.
Der Tempel birgt keinen Retter:
Du selber bist der Schrein.

1955

Herbstmorgen

Erblindet liegt
im Nebel die Welt,
und – Zugvögel,
abgestürzt –
bergen im Rasen
Blätter des Weines
verblutend
ihr Gesicht.
Stumpf blickt
die Lache
und ohne Geleucht.

12.10.1955

Dämmer

Mild steigt
aus Winterastern
und blassblau
der Abend,
dinglich
ist nichts mehr
und ohne Duft
der Garten.
Flüchtend ist alles
und fernhin
entrückt,
Lichtgruß nur noch
und Abgang.

21.10.1955

Zwei Sprüche

Schein und Sein

Wohl sende ich Schein
in die Welt des Scheins,
bin scheinend
für andere Schein,
doch ihn verneinend
sucht der Grund meines Seins
nur einen Vorwand: zu sein.

Ende November 1955

Lerne wirken!

„Außen" ist „Innen",
ausgeströmt und erkaltet:
Mach dich verrinnen,
willst du es umgestaltet!
Selber musst du überfließen,
„Innenglut" auf „Außenfels" ergießen.

Dezember 1955

Trost

Nirgend ein Stern,
keine ziehende Wolke,
erloschen alles, und fern
tiefschwarze Leere.
Ach, Herze, wehre
dich dagegen nicht –
einzig von innen her
erreicht dich das Licht.

1. Advent 1955

Ermunterung
     (für I.R.)

Schneid´ nur weiterhin
 deine scharfen Silhouetten,
schneide alle Dinge aus.
Birgt doch einen tiefen Sinn,
zierlich zu verketten
Mond und Baum und Haus.

Schneide fort mit sichrer Hand
Klee und Margeriten,
Löwenzahn und Mohn.
Ei, das Gras am Brunnenrand!
Hast es eben ausgeschnitten,
sieh! da lebt ´s auch schon.

Schneid´ nur weiterhin
dünnpapierne Schatten,
schneide aus, was dir gefällt.
Jedes hat in sich nur Sinn!
Schaff´ dir Wälder, Hügel, Matten,
aber frag nicht nach der Welt.

Dezember 1955

Zum Heiligen Abend

Die alten Lieder habe ich gesungen,
jedoch dem Flitterwerk gewehrt,
bin von Erwartung ganz durchdrungen,
nur Hoffnung noch mein Leben nährt.
Die letzte Selbstsucht ist verklungen,
da ich mein Herz für dich entleert:
So sende, Urlicht, deinen Feuerstrahl,
erheb ins Licht mich aus dem finstern Tal.

1955

Die Stimme

Du forderst noch –
das ist nicht gut.
Sei stille doch
und hab den Mut,
um gar nichts mehr zu bangen.
Auf schmalem Steg
tu Schritt für Schritt,
geht alleweg
doch einer mit,
der hat dich schon gefangen.

Januar 1956

Regentag

Ich trinke Regentropfen von den Zweigen
und Blut von meiner Hand aus manchem Riss,
ich schmecke meine eigne Wärme,
gewürzt von salzner Bitternis.

Ich spüre einen Wind mich herbe streifen
und trocknen meine Haut.
Die Wunden werden klein und heilen alle,
wenn mir vor ihnen auch erst graut.

Januar 1956

Der Sturm

Der Sturm ist so wahr wie die Vollmondnächte
und wie die verschwiegene Stunde Pans,
es ergreifen dich uralte Mächte
und zerschlagen in dir die Herrschaft des Wahns.

Der Sturm weckt in dir die Urelemente
und reißt sie aus deiner Seele Schacht.
Es ist, als ob nur er dich erkennte,
hat immer dich sieghaft herrlich gemacht.

Januar 1956

Winterspaziergang

Durch die Wintermorgenhelle
trifft mich unsichtbare Welle,
tönt mir bronznes Glockenlied.
Hingelagert in den Morgen
sind die Äcker unverborgen,
Bussard seine Kreise zieht.

Birkenzweig ganz leicht erzittert,
weil ihn Glockenton erschüttert,
der geheime Wellen schlug.
Hoch, in immer gleicher Weise,
zieht der Vogel seine Kreise.
So zu sein ist ihm genug.

Tief gestillt geh ich alleine
durch die winterliche Reine,
freu mich am kühlklaren Tag,
wende sinnend mich nach Hause,
rettend mir in meine Klause
Vogelflug und Glockenschlag.

1956

Letzter Besuch
(an Christians Grab in Bederkesa)

Der Tag des Abschieds ist nicht weit.
So lenke meinen Schritt
ich einmal noch zum Hügel hin,
wo dunkelgrün und im Geviert
die Buchsbaumhecke ernst
den Totenacker dicht umschließt.

Geringer Schneefall schmückt die Welt.
So liegt kristallner Gruß,
aus Saphirhimmeln hingestreut,
auf meinem gern gewählten Weg,
der hin zum Ruheplatz
des früh vermissten Freundes führt.

Das Heiligtum ist nun erreicht.
So weile schweigend ich
an dieser Stätte, töte ab,
was Irdischem verflochten ist,
und neige zum Gebet
andächtig leicht das bloße Haupt.

Das schlichte Holzkreuz grüß ich noch. –
So überzeitgeprägt ist selten eine Stunde nur.

10.1.1956

Gewissheit

Ich weiß mich losgelöst von all den Jahren,
die ich schon hinter mich gebracht.
Stets Gleiches wird mir künftig widerfahren,
doch nie mich zwingen seine Macht.

Es ist im neu´n Gewand das alt´ Gebahren,
was jetzt uns lockt und jetzt verlacht.
Jedoch mein Wesentliches zu bewahren,
bin ich bei allem Tun bedacht.

Was sich in Kindheitstagen angesponnen,
das ruht in mir seit langem halb begonnen
und will bald ausgebildet sein.

Es ist ins Einfache noch ganz verwunden
und will mein Leben läuternd und gebunden.
Es ruft und ruft und fängt mich ein.

1956

Aus Liebe

Ich möchte so gut wie der Regen sein
und liebend das Erdreich durchdringen,
ich möchte die Blumen, die Knospen befrein
und dienend zum Blühen gern bringen.

Ich möchte so gut wie der Windhauch sein
und leis in die Wipfel mich wagen,
ich möchte dem Drängen gern Hilfe ausleihn
und Pollen zur Narbe hintragen.

Ich möchte so gut wie das Mondlicht sein
und tröstliche Stille verbreiten,
ich möchte das dumpf nur Geahnte befrein
und liebend zum Wirken bereiten.

22.1.1956

Winter, mittags

Funkeltau
an tausend Dornen!
Herrlich gläsern liegt die Welt.
Schneeig leuchtet
von den Dächern,
was im Mittagslicht
zerfällt.

Vogellaut
in kahlen Hecken!
Herrlich singend
geht der Wind.
Taubenflug rauscht
rasch vorüber,
der sich immer neu
beginnt.

Menschenspur
um leere Gärten!
Herrlich stille
liegt die Welt.
Alles atmet
reines Wesen,
das aus Ruhe sich
erhält.

25.1.1956

Hilfe des Herzens

Es kreisen
in festen Bahnen
doch alle
Gedanken
der Menschheit.
Sie gleichen
Planeten
und fliehen
in eitelem Streben
wie diese
rückblickend
den Ursprung.

Und alle
nach vorwärts
schnellende Eile
zwingt sie
nur stärker
auf den einen
stets gleichen Weg.
Doch aller Unrast
steht stets entgegen
das menschliche Herz,
das sich der Mitte
verbunden
noch weiß.

Es hemmt den
rasenden Lauf
der Gedanken
und ruft
aus der Tiefe
Stillung herbei.

Es weist dem Denken,
wozu es geschaffen,
und hält es erst an
des Sternenflugs Hast,
fallen wir alle
dem Urlicht
zu.

Februar 1956

Osternacht

Ahnung, gestreut in die Nacht.
Wind, der sie wieder verweht.
So wird der Frühling gebracht,
der durch die Herzen uns geht.

Birken im knospenden Bann.
Blütengestaltes Gewölk.
Regen und Wind im Gespann
wirken im alten Gebälk.

Ahnung, gestreut in die Nacht.
Wind, der sie wieder verweht.
So wird der Frühling gebracht,
der durch die Herzen uns geht.

Äcker im keimenden Drang.
Winde aufhaltender Strauch.
Und in dem Heckengerank
nistet die Ammer schon auch.

Ahnung, gestreut in die Nacht.
Wind, der sie wieder verweht.
So wird der Frühling gebracht,
der durch die Herzen uns geht.

1.4.1956

Ein Wegstein ruft mich an

Ich ging hier wie du vor tausend Jahren,
und habe mich damals hier ausgeweint.
Mein Haupt war verhüllt von vertränten Haaren.
Da bin ich versteint.

Ich ging hier wie du vor tausend Jahren
und habe mit Recht zu klagen vermeint.
Ich wollte mich selbst schon nicht mehr bewahren.
Da bin ich versteint.

Ich sollte wegweisen denen, die kamen,
und Losungen geben und einfache Namen.
Und unmerklich hab´ ich dabei gedarbt.

Ich litt ´s, und ich lernte, nicht mehr zu fragen,
und diente, und wollte nur niemals versagen.
Mein Leid ist schon längst und zehnfach vernarbt.

April 1956

Das Wesen wirkt des Nachts

Ich messe ab mit letzten stillen Blicken
die Tagesspur im dunkelnden Gelass,
enteile meinen eigensten Geschicken
und was dem tiefern Willen nicht zupass.

Ich trete in die inneren Bezirke,
aus denen sich mein Dasein speist,
verspürend, wie ich ruhend wirke.
Ich preise schweigend, was mein Herz durchkreist.

Mai 1956

Taglicht

Ich zünde, eh es dunkel wird,
die Abendkerze mir schon an,
damit ihr Licht sich mit dem Grau
der Dämmerung vermählen kann.

Und wenn das Grau erdunkelt ist,
vom Flammenkleide schon getrennt,
dann bleibt dem Tage doch verwandt,
was in der Nacht so lichtwarm brennt.

1956

Werdung

I
Offen das Land,
offen die Hand,
saatengewandt.
Du bist das Korn.

Samende Kraft,
schwellend zum Schaft
wurzelnder Haft.
Du bist der Baum.

Frachtschwerer Ast,
lösend die Last
voll lichtem Glast.
Du bist die Frucht.

II
Du bist das Korn
und bist der Baum.
Bleib nicht verlorn
länger im Traum.

Halt dich im Zaum
zügelnder Zucht.
So wirst du, Baum,
reifen zur Frucht.

1956

Margeriten

Dunkelrot und samten
ist der Kelch belaubt,
seit die Lichtverwandten
Sonnenstaub umstaubt.

Sonnengelb gerundet
ist das Auge schlicht,
wo sich mild bekundet
Himmelskraft und Licht.

Himmelgrün gefiedert
ist der Blätterfuß,
der dem Rot erwidert
tief gestimmten Gruß.

Fünf, sechs Margeriten,
rotgelbgrüne Spur,
wolln mir so entbieten
Gruß der Sommerflur.

Mai 1956

„Ergriffenes Dasein"
(zu E. Holthusens Anthologie)

Ich blättre im Buche der Dichter
vom letzten, vorletzten Geschlecht,
und spür´ ihre Worte wie Lichter
versinken in dunkles Geschächt.

Da wirken die einen als Schlichter,
die anderen gehn ins Gefecht,
und alle als gründliche Sichter
erhellen der Seele Geflecht.

Sie schreiten durch zahllose Kreise
 auf immer ganz neuem Geleise,
 weil nie schon Gegebnes genügt.

Sie leeren den Kelch bis zur Neige,
 dass Dasein sich heilend bezeuge –
 ergriffen, gelebt und gefügt.

Mai 1956

Auf sterbende Kirschblüten

O, was ihr verheißt,
was ihr bedeutet
dem, der sein Auge
nicht mehr verschließt
alle der Vielfalt des Lebens.

Ja, wohl wird getäuscht
unklares Schauen
durch euer Sterben,
ehe noch all´s,
Blume und Falter, konnt´ atmen.

Ach, Fühlung im Herz,
welches nicht prüfet,
 trauert um manches
 weil sie oft wähnt,
so zu verstehen ein Fremdes.

Nein, nicht euern Tod,
dieses Zerblättern,
wollt ihr verkünden,
west doch noch stets
weiter zur Reife die Mitte.

O, aber ´s Zugleich
aller Erscheinung
spürbar zu machen,
 Kommen und Gehn, das ist ´s.
Ja, alles ist eines.

Ende Mai 1956

Dichterwesen

Worte, gesetzt wie als Pfeiler,
über die Leben sich brückt –
Worte, gesetzt wie als Weiler,
weit in die Wildnis gerückt –
Wort auch, geworfen als Teiler,
welcher das Dunkel zerstückt –
so ist das Wort mir verliehn,
tragend und weisend zu glühn.

Nicht welche Wunder zu weben,
Lieder im hüpfenden Schritt,
nicht so im Leben zu leben,
Kühnster im kühnschnellen Ritt,
sondern stets Zeichen zu geben
jedwedem tastenden Tritt –
das ist´s, wonach mich verlangt,
dass ohne Trost keinem bangt.

Nicht auch zu schmeicheln der Menge,
die vor dem Wagnis zerstiebt,
sondern weitab vom Gedränge
dem, der im Wesen sich übt,
beistehn, dass nicht all Gepränge
weiter sein Auge noch trübt –
solches stets wirk ich aufs neu,
dass keiner Wegmühen scheu.

Nicht einen Wahn zu beschwören,
der nur zu hemmen vermag,
nicht sich wie Träumer betören,
denen am Wirken nichts lag,
sondern den Schein zu zerstören,
dass nur noch herrsche der Tag –
dazu erhielt ich die Kraft,
die sich stets Lichtwege schafft.

Worte, gesetzt wie als Pfeiler,
über die Leben sich brückt –
Worte, gesetzt wie als Weiler,
weit in die Wildnis gerückt –
Wort auch, geworfen als Teiler,
welcher das Dunkel zerstückt –
so ist das Wort mir verliehn,
tragend und weisend zu glühn.

Juni 1956

Am Fenster

Der Tag wird welk.
In Wolkenfalten
verglimmt´s aschgrau,
ist nicht zu halten.

Der Wolkenmund
zuckt lange lächelnd.
Er hat wohl Grund.

Die Sonnenstirn
schon ruht verborgen.

Sie sinnt auf morgen.

Juni 1956

Bei Sonnenuntergang

Die Abendröte macht es offenbar,
was wirklich dir zu eigen,
was es nur scheinbar war.

Denn wirft die Sonne Speer um Speer,
dann widersteht dem Stoße
kein Trug, kein Blendwerk mehr.

Im echten Kerne haften sie als Zier.
Was du nicht ganz durchblutet,
das fällt. Sie nehmen 's dir.

Was ungebändigt blieb, verlor.
Es stirbt mit allem Scheine
dir hinterm dunkeln Tor.

Es lässt die Nacht davon nicht eine Spur.
Es dulden stets die Sterne
das Wesenhafte nur.

Juni 1956

Kerzenlicht

Was du uns sagst,
das sagt kein Wort.
Solang du ragst,
zeugst du es fort.

Doch wenn zuletzt
dein Schein zerfällt,
dann weiß vom Licht
die ganze Welt.

Juni 1956

Sommerabend

Dunkel schon ruht
und schonend
über den Fluren
der Abend,
warmes Gewölk
staut alles Mondlicht,
Düfte lagern
zwischen dem Korn,
Urlaut des Rindes
Tönt aus dem Moor.
Waltendes Schweigen
tritt aus den Hainen. –
Ferne ein Hund nur
verrät noch das Dorf.

18.6.1956

Lebenslied

Leben wirkt oft Lebenslust,
Lebenslust bewirkt oft Leben.
Was gewollt wird und gemusst,
muss sich in Vereinung geben.

Leid erzwingt auch Leidverstehn,
Leidverstehn bezwingt auch Leiden.
Wer die Höhe will begehn,
kann den Abgrund nicht vermeiden.

Liebe zeugt stets Liebessinn,
Liebessinn erzeugt stets Liebe.
Es gereicht doch zum Gewinn
letztlich alles Weltgetriebe.

Juli 1956

Mit Blumen

Am Wege Wegwarten
und Rainfarrn am Rain –
wo andre sich narrten,
begann ich mein Sein.

Im Felde Blauwicken
und brandroter Mohn –
in allen Geschicken
halt ich meinen Ton.

Blaublumige Glocken,
Johanniskrauthuld –
nichts kann mich mehr locken
 aus meiner Geduld.

Vom Ginster die Ruten
und Arnikagnad –
ich wirke zum Guten
nach weisestem Rat.

Großsonnige Blumen
und Erikaglanz –
ich löse die Runen
im blühenden Kranz.

Am Raine Rainfarren
und Spitzwegerich –
wo andre sich narren,
erwächst mir mein Ich.

Juli 1956

Wegabseits

Ich sitze wie Buddha
so zwischen den Blumen,
die Wolken verballen,
der Vogel kreist stet.
Ich schließe die Augen
und öffne sie wieder,
nichts trennt ja die Welten
beidseitig der Lider
und was sie durchweht.

Ich halte mein Antlitz.
hinein in die Winde
und lausche der Weltmär
Geheimnisse ab.
Ich öffne mein Herz und
 schließe es wieder,
und finde darinnen
die tongleichen Lieder,
und lass mich hinab.

Ich höre Gesteine
in Farben erklingen
und fang Diamanten
in lichtenem Netz.
Ich öffne mein Wesen
und finde mich wieder
in äußeren Welten
und rufe die Brüder.
Ich weiß das Gesetz.

August 1956

Winterzeichen

Was jetzt noch fällt, das fällt vom Frost.
Der Erdenkreis ist aufgetan –
uns wehen ganze Welten an,
nicht mehr nur West, Nord, Süd und Ost.

Verklungen ist der Werderuf,
das Blumenkleid ist abgestreift –
und durch die Weite glänzt bereit,
was dauernd sich zur Dauer schuf.

Aus größern Räumen strahlt so klar
kritallen nieder Licht um Licht,
und rührt uns an und reicht sich dar.

Wir spüren, wie 's im Wirken ruht –
es braucht ja auch der Wärme nicht! –
und nehmen 's an und wissen, es ist gut.

Dezember 1956

Im Moor

Kein Laut, auch nicht gestammelt,
die Gräser scheinen blasser,
seit Runen sich versammelt
im Spiegel brauner Wasser.

Verdoppelt sind die Zeichen,
und jetzt erst wahr.
Zwei stumme Häher streichen
durchs blanke Klar.

Der Widerschein verhängt
gefleckten Glanz,
wo Ahnung sich bedenkt
von Mückentanz.

Februar 1957

In memoriam Jürgen Eggebrecht

Im Graulicht

Die Winde streichen
unterm Grau vorbei.
Sie werfen Zeichen
in den Schoß der Nacht.

Wozu ward´s erdacht?
Die Himmel streuen
heimlich Weltensaat,
das Land zu erneuen.

März 1957

Nachtstück

Ist schon den Knospen
Schwellung geglückt.
Mondregen hat sich in
Hasel verstrickt.

Öffnen für Sternstaub
Zweighände sich.
Zittert im Silbernen
Tropfengestrich.

April 1957

Moorliches Gespräch

Die Dunkeltiefe glänzt so mild,
als wäre sie nicht da.
Gespiegelt Ebenbild und Bild
sind sich fast innig nah.

„Und trieben wir im schwarzen Nichts,
doch du sähst zu mir hin
und zeigtest Wandlung des Gesichts,
ich hätte immer Sinn."

April 1957

Eine Bitte

O Nacht, du wundersam´s Gebilde,
verschleiernd sanfte Hut,
du Hauch aus lauter Milde,
Nacht! sei mir gut.

O Nacht, du dauernd Segensreiche,
zum Heil beaschte Glut,
aus Tiefe stets sich Gleiche,
Nacht! sei mir gut.

O Nacht, du königliches Wesen,
durchdringend mächtige Flut,
den Bann des Tags zu lösen,
Nacht! sei mir gut.

März 1957

Die Welle des Schicksals

Ich sage Nein und zwinge dich,
mein Wille ist der Deich,
ich sage Ja, da zwingst du mich.
So bin ich doppelt reich.

April 1957

Eulenwesen

Sumpfeulen tuschen
Zeichen herbei,
heimliches Huschen,
Weltallerlei,
unsichtbar Kreise,
Schrei weichen Graus,
schweigsame Weise,
alles löscht aus.
Zaubern in Ringen
nächtlichen Trug
flügelnde Schwingen –
Walpurgis genug.

1957

Nachtzu

Wolkenbänke, bis auf ein Schmales
abgetragen.
Lichtufer,
jetzt schon in ein dämmerndes Fahles
umgeschlagen.

Glutenströme, unter den Schleusen
weggeflutet.
Raumgitter,
zwischen deren würgenden Reusen
Kraft verblutet.

Dunkelgründe, die noch das Sterben
liebend mildern.
Lichttropfen –
retten sich, doch ohne zu erben,
und verwildern.

Mai 1957

Terzinen über eine Tapete

Gasthoftapete,
schwarzer Grund.
Apfel- und Aschenbecherrund.

Schnitt der Machete,
Ananas.
Und zu den Fischen noch dies und das.

Mitte der Fete,
Chianti-Bauch.
Bananenweiches im Schalenschlauch.

Frucht der Gebete,
Traube und Blatt.
Apfelsinen, von Süden satt.

Glanz, der verwehte,
erloschenes Licht.
Birne, der 's nicht an Kernen gebricht.

Feier der Früchte.
Lukulls Begehr,
dass keine flüchte:
Stumm-stumme Wiederkehr.

April 1957

Vegetativ

Wo es im Moor fault,
dass sich da Herz grault,
modert das Lebende
vorigen Jahrs,
wird es das Hebende
neuen Beginns.
Spur des Gerinns,
kommt das Besämende
kosmischen Maars,
wird das Beschämende
künftiger Schöße,
siegelnd die Blöße.

Mai 1957

Kleine Biographie

Löwenzahn: stark-rasches Leben.
Butterblond.
Anbeter weben und schweben.

Dann auch Erfüllung, milde besonnt.
und schon die Verwandlung:
Greisenhaupt, kugelgetonnt.

Nicht verdiente Behandlung:
windüberbraust.
Stumm ertragne Verschandlung.

Eigenheit, Wesen zerzaust.
Reichtum zerflatterte schmählich,
der darinnen gehaust.

Aber doch plötzlich: Selig!
War er denn vorher ein Blinder? –
Schätze, unzählbar unzählig:

Kinder, abertausende Kinder!

Mai 1957

Ammerngruß

Ammer, fühlend gleiche Leichte
wie der sanfte Wind,
schwingend seinen Zweig erreichte:
Kugelbüschekind.

Kleine Vogelzehen krallten
sich um jüngsten Trieb,
singend ihn erhöht zu halten:
Flötentönedieb.

Ließ sein Liedchen weithin hören
durch den Felderbann,
jedem Eindringling zu wehren:
Minnediensttyrann.

War geendet sanfte Schelte,
löste er den Fuß,
dass das Zweiglein lang noch schnellte
und die Leichte ihm entgelte,

Bruder Wind zum Gruß.

2.6.1957

Die silberne Kugel

Seltsam, sich selber zu finden
verbogen, gezogen und krumm,
sich mit der Wölbung zu winden
fast halb um die Kugel herum.

Aber das andre auch alles,
was sonst in der Stube sich fand,
ist auf die Rundung des Balles
zwerghaft verbildet gebannt.

Seltsam, es hat seine Stelle
noch jegliches Ding dort auch jetzt,
glänzt von der silbernen Helle
verwandelt, doch gar nicht verletzt.

Aber es ist ja nur Fläche,
was sonst doch stets welträumlich scheint!
Trügt´s, dass im Possen sich räche,
  was wir zu lange verneint?

1957

Im frühesten Jahr

Die Hasel über
der Beeke
blüht,
Falter seine Kreise
zieht;
die Troddeln hängen
zitternd im
Licht –
die Beeke rieselt
und spiegelt
sie nicht.

Anfang 1959

Zweites Buch: Auf neuen Wegen I

STATIONÄR

(1960)

I. Buch: Welt-Rätsel

Verrätselung - Solar

I
Flächig
Hat sich die Sonne
Zwischen Buchengitter gelegt
Sie aber tönend
Vertieft
Hüpfendes Glockenspiel.

II
Gespannt in der Sonne
Salzregen
Prickelt die Haut wie in
Wellen
Gehen durchs Blut die
Partikel von
Licht.

III
Entziffre wer
An den Buchenstäben
Das Rätsellicht
Das alte Rindengesicht
Verrät keine Frist
Runenchiffre seine letzte
Schattenklarheit ist.

IV
Raben
Nisten im
Runenwirrwarr
Hacken ins Auge
Lüstern dem
Leser
Sonne glänzt schwarz
Von dem
Kiel.

Gegenrätsel - Lunique

I
Das schwarzgeschriebene
Taggedicht
Welt
Verfällt
Silberner Finsternis
Mondklinge
Ritzt zu
Mystischem Riss des
Himmels triefendes
Transparent.

II
Macht der
Lichtosmose verklumpt
Splitterfülle zu
Urgestalt
Kuben dunkler
Beseeltheit stufen
Sich in die Flut von
Gestreutem Ruf.

III
Umgeschmolzen
Unter dem
Unlaut
Unglaublichen Lichts
Das
Alphabet der
Ungestalt.
Runentrümmer
Treibt zu den
Ufern
Lautloser Küste

II. Buch: Welt-Entfaltung

Nullpunkt

I
Was in des Antlitzes
Lichtbohrung
Fällt
Schatte von Schattenbild
Niemals wird die
Lichthöhle
Licht
Nichts fängt das
Netz
Was es nährt.

II
Von Feuerdolchen
Gekappt das
Leitungsgeflecht der
Sinne

Trommeln der
Hohlheit zer
Pauken
Monotonie.

III
Der Paarungssturm des
Bluts zer
Schlug die
Arche Noah des Ge
Dächtnisses
Der schwarze
Galgenvogel der Ver
Damnis hält in
Nackten Klauen das
Amorphe Herz.

IV
Krächzend
Flog ab aus dem
Weltennestbrand der
Altschongerupfte
Rabe
Zeit
Fensterlos blieb
Zurück die Monade
Unausgedehnt.

Anreicherung - Monadesque
I
Zur
Rätselortszeit des
Klaffenden
Nullpunkts
Biochemische
Reaktion der

Seele
Protoplasma von
Emotion
Blitz
Chromosome der Er
Kenntnis
Leuchten in Schächte der fenster
Losen Existenz.

II
Aus
Den blinden
Fensterhöhlen der Ver
Einsamung die
Kerkerkenntnis
Dringt durch die
Tastsinnstollen
Nach innen
Das
Chlorophyll der
Hoffnung
Tropft in die
Zeugungsschwärze.

III
Hinter dem
Vorhang der
Dunklen Konstante
Zufall
Klären sich Seins
Koordinaten
Blinde Prozesse zur
Kurvenfunktion ge
Kühlteren Vorgangs.

IV
Das
Keimherz der
Koordinaten erträumt
Nullpunktentrückung
Fluchbitter
Schmeckt das
Monadenexil.

Grenzüberschreitung - Coniugalis

I
Liebe
Kühner gotischer
Bogen
Scharf kalkuliert
Spannungen
Stützen einander
Zu tragen
Unter der Spitzung
Glasbunte Glut.

II
Die liebesgotischen
Innenfenster
Sind mosaiken
Architektur
Klare Struktur
Geplant um zu planen
Treibt in das
Ganze
Kühl seine
Spur.

III
Dunkles
Schleudert sich aus dem
Zweigrund
Fängt sich im
Fensternen Gitterwerk
Irdnes tropft ab.
Lichtkristall
Bogenspannung
Erhellt sich selbst.

IV
Dunkelgrund
Strebend zur
Bogenschaft
Liebegebilde
Verschlossen und
Rein.
Öffnet sich Spannungskraft.
Kreuzblume blüht über
Sich hinaus
Und in das Fremde
Hinein

III. Buch: Welt-Rücknahme

Expansion

I
Vom Bildwerfer
Herz ver
Schüttet die
Fülle
Mythischen Seins
Ins Chaos er
Starrter

Gestalt
Mutterantlitz
Zeigt die
Natur.

II
Versetzt im
Pfandleihhaus der
Ökonomie die
Zentrale
Monade
Herz für
Sisyphoswerk an der
Spiegelgeburt
Geordneter
Dingwelt.

III
Die
Steppen des
Gefühls be
Lebt von der
Totgeburt
Technik
Arbeitswut
Wirkt den
Ameisenstaat.

IV
Getrieben
Von dem
Victoriafall der
Statistik
Alle Turbinen des
Fortschritts zur
Entropie der Ver
Weltlichung

Gefährdung

I
Seine
Kondenzstreifenmenetekel
Schreibt der
Silberne Blaustift
Im welken
Spektralpergament
Zerlaufen die
Späten
Runen.

II
Geronnen die Ver
Zweiflungsmilch
Hiroshimas
Weil keiner den
Rahm ab
Schöpfte
Geronnen in der
Machtzentri
Fuge Molke
Läuft in die
Setzmaschinen.

III
Zusammengeschossen die
Projektion des
Träumegestirns
Zum Landeplatz Mond
Zementiert die
Gefilde
Somnambuler Fruchtbarkeit.

IV
Unter der
Maske Turboprop durch
Löchert der
Mensch das
Zifferblatt
Welt
Denn die ver
Trocknete
Herzfrucht
Kehrt ihm aus
Keiner Raumzeit zu
Rück.

Umkehr

I
Gerettet aus dem
Schuldturm der
Hybris aufs
Urgestein der
Resignation
Vorzeitsame
Keimt aus dem
Fels.

II
Aufgesprungen die
Harte
Bitterrinde der
Seele
Der Reue Frucht
Wasser ver
Siegt in der
Gnadenwüste.

III
Abzustoßen vom
Niemandsland
LauterBeliebigkeit
Im gleitenden Boot
Der Meditation
Zu den Gestaden
Stummen Gebets
Schimmernd den
Ausgeglühteren
Herzstahl
Im
Amethyst des
Lebendigen
Lotos

Angaben zum Autor

Der Autor, 1934 geboren, ist in Cottbus aufgewachsen. Anfang 1945 wurde er in den Raum Hannover evakuiert. 1956 machte er Abitur, studierte in Göttingen und Münster Germanistik und Geographie, trat 1963 in den niedersächs. Realschuldienst, war Wiss. Assistent an der PH Göttingen, dann Fach- und Pädagogiksem-Leiter am Studienseminar ebenda. Er war verheiratet und ist verwitwet, hat drei Kinder, zwei Enkelkinder und drei Urenkel. 1997 ging er in den Ruhestand. Im Jahr 2010 veröffentlichte er das Sachbuch „Totaliter Aliter (Völlig anders) – Außenseiterbriefe – (Versuch einer alternativen Geistesgeschichte in Beispielen als Zeitkritik). Später folgten außer seiner Lebensernte (die „Gedichte eines Wanderers I – III") noch „Kreisende Jahresringe I-III" sowie „Endlich heraus aus der Sackgasse – Kritische Sonete zu unserer Zeit und Vergangenheit".

www.ingramcontent.com/pod-product-compliance
Lightning Source LLC
Chambersburg PA
CBHW071514150426
43191CB00009B/1522